BEI GRIN MACHT SICH IHR WISSEN BEZAHLT

Bibliografische Information der Deutschen Nationalbibliothek:

Die Deutsche Bibliothek verzeichnet diese Publikation in der Deutschen National-
bibliografie; detaillierte bibliografische Daten sind im Internet über http://dnb.d-
nb.de/ abrufbar.

Impressum:

Copyright © 2018 GRIN Verlag
Druck und Bindung: Books on Demand GmbH, Norderstedt Germany
ISBN: 9783668922495

Dieses Buch bei GRIN:

https://www.grin.com/document/463222

Sebastian Zwick

Virales Marketing im Online Bereich. Das Mentos-Cola-Experiment

GRIN Verlag

GRIN - Your knowledge has value

Der GRIN Verlag publiziert seit 1998 wissenschaftliche Arbeiten von Studenten, Hochschullehrern und anderen Akademikern als eBook und gedrucktes Buch. Die Verlagswebsite www.grin.com ist die ideale Plattform zur Veröffentlichung von Hausarbeiten, Abschlussarbeiten, wissenschaftlichen Aufsätzen, Dissertationen und Fachbüchern.

W-Seminar Marketing

Seminararbeit

„Virales Marketing im Online Bereich am Beispiel des Mentos-Cola Experiments"

Verfasser: Sebastian Zwick

Abgabe am: 06.11.2018

Inhaltsverzeichnis

1. Einleitung

„Das beste Marketing fühlt sich nicht so an wie Marketing. "[1] Mit diesem Zitat unterstreicht Tom Fishburne, Gründer und CEO der Marketooon Studios, das Ziel einer jeden Marketing Kampagne. Auf der Suche nach einer Möglichkeit jenes Ziel möglichst effizient zu erreichen, stößt man schnell auf das virale Marketing, welches besonders durch die „stetig steigende Popularität des Internets"[2] in den Fokus gerückt wird. Es bietet eine hoch effektive und kostengünstige[3] Alternative zu herkömmlichen Marketing-Methoden im Online Bereich und stellt somit ein wichtiges und sinnvolles Thema dar. Demzufolge ist eine Beschäftigung mit dem viralen Marketing für alle Unternehmen essenziell, die Produkte und Dienstleistungen für Verbraucher anbieten.

Ziel dieser Arbeit ist es, die Grundlagen des viralen Marketings und ihre Verwendung im Online Bereich darzustellen und somit die Frage zu beantworten, ob es sich bei diesem Thema um einen sinnvollen und effektiven Bereich des Marketings handelt. Deshalb wird vorerst genau auf die einzelnen Bestandteile des viralen Marketings eingegangen und seine Verwendungszwecke und Methoden dargelegt. Hierbei werden sowohl die verschiedenen Formen dieses Prinzips, wie auch die Verbreitungsmöglichkeiten und der Aufbau einer viralen Marketing Kampagne behandelt. Es ist außerdem wichtig immer einen Bezug zum Internet darzustellen, da die Zukunft des viralen Marketings, wie oben aufgeführt, im Online Bereich liegt. Im Anschluss werden die gewonnenen Erkenntnisse, zum besseren Verständnis des Themas, an einem Praxisbeispiel der Vergangenheit erläutert. Zu diesem Zweck wird das s.g. *Mentos-Cola* Experiment untersucht, das zu Beginn des zweiten Teils dieser Arbeit genau erklärt wird. Anschließend werden die einzelnen Aspekte des viralen Marketings an diesem Beispiel dargelegt und zum Abschluss dieser Arbeit wird ein Fazit aus dem behandelten Teilgebiet des Marketings gezogen.

1 Klein, C., 2017, S. 1
2 Tornow, N., 2016, S. 3
3 Vgl. Langner S., 2018, S. 1

2. Grundlagen des viralen Marketing

2.1 Definition des viralen Marketing

„Wer in der Zukunft lesen will, muss in der Vergangenheit blättern. "[4] Schon André Malraux, der vor allem als Schriftsteller Bekanntheit erlangte, erkannte, dass oftmals ein Blick in die Vergangenheit nötig ist um Prozesse der Zukunft zu verstehen. So ist es auch mit dem Begriff der Mund-zu-Mund-Propaganda, die als „älteste Form des Marketings"[5] bezeichnet wird und heute als Vorreiter des viralen Marketings gilt.

Wenn schon vor Jahrhunderten ein Kunde mit einer bestimmten Dienstleistung oder einem erworbenen Gut zufrieden war, so erzählte er seinen Freunden und Bekannten davon und sorgte so für die Verbreitung dieser Empfehlung. Im ursprünglichen Sinn bezeichnet die Mundpropaganda also eine „unkontrollierte Informationsweiterleitung zwischen zwei oder mehreren Individuen"[6] wobei freiwillig über eine besonders Bewegende oder sehr interessante Erfahrung berichtet wird. Dieses Prinzip wird heute im viralen Marketing gebraucht und die zu unserer Zeit nutzbare Technologie und die Vorteile des Internets machen die Verbreitung von Produktwissen und Erfahrungen von einer Person zur anderen schneller und viel effizienter.[7]

Mit diesem Vorwissen lässt sich nun virales Marketing als „gezieltes Auslösen von Mundpropaganda zum Zwecke der Vermarktung von Unternehmen und deren Leistungen"[8] definieren. Das primäre Ziel des viralen Marketings ist allerdings nicht wie bei vielen anderen Marketing Methoden hauptsächlich die positive Darstellung eines Inhaltes, sondern im Besonderen die „Multiplikation einer Nachricht"[9]. Dies ist auch der Grund für den Namen virales Marketing, da sich eine Werbeanzeige wie ein Virus auf eine möglichst große Zielgruppe verbreiten soll und so besonders „schnell soziale Epidemien"[10] auslösen kann.

4   Maulraux, A., 2018, S. 1
5   Löfgen, S., 2013, S. 6
6   Löfgen, S., 2013, S. 6
7   Vgl. Thevenot, C., 2001, S. 1
8   Langner, S., 2009, S. 27
9   Krumhard, R., 2014, S. 2
10 Langner, S., 2009, S. 27

2.2 Formen des viralen Marketing

2.2.1 Aktives und passives virales Marketing

Allgemein lässt sich das virale Marketing in zwei übergeordnete Bereiche einteilen. So kann eine Werbebotschaft Online zum einen versteckt, im besten Fall, ohne dass bemerkt wird, dass es sich um eine Anzeige handelt, geteilt werden oder zum anderen bewusst mit der Absicht andere Nutzer zu informieren verbreitet werden. Folglich lässt sich das virale Marketing grundlegend in die passive (frictionless) und die aktive Verbreitung (active) unterteilen.[11]

Beim passiven viralen Marketing wird die Werbebotschaft gezielt in Dienste oder Applikationen eingebaut und somit alleinig durch die Nutzung derselben wirksam gemacht. Ein Beispiel hierfür sind kostenlose E-Mail Anbieter, die automatisch am Ende jeder durch diesen Dienst gesendeten Mail eine kurze Werbebotschaft (Bsp.: „Diese E-Mail wurde kostenlos durch den *web.de* Dienst gesendet. Jetzt 5 GB Speicher auf *web.de* sichern!") einfügen. Diese Nachrichten werden auch Tagline[12] genannt und vermitteln unterbewusst nicht nur die oben genannte Werbemitteilung, in diesem Beispiel das kostenlose Nutzen der Web-Anwendung *web.de*, sondern auch die Botschaft, dass der genutzte Dienst sehr gut funktioniert, da man die empfangene E-Mail ohne Probleme erhalten hat. Der Vorteil des passiven viralen Marketings besteht also darin, dass man den Empfänger der Botschaften zusätzlich zur mitgeteilten Werbebotschaft noch von der Funktionstüchtigkeit des Dienstes überzeugen kann und somit sehr effektiv werben kann.

Das aktive virale Marketing bildet das genaue Gegenteil zur passiven Vorgehensweise, da der Nutzer die zu verbreitenden Werbebotschaften nicht unbemerkt, sondern absichtlich teilt. Man könnte auch sagen, dass „Diese Variante [...] eher der klassischen Mund-zu-Mund-Propaganda"[13] entspricht. Bei dieser Methode entdeckt der Anwender eine interessante, spektakuläre oder mitreißende Website, Applikation oder Dienstleistung und entscheidet sich dazu, diese mit seinen Freunden und Bekannten zu teilen. Hierzu sendet er einen Link oder eine Bild-/Videodatei mithilfe eines Messengers, sozialen Netzwerken oder einer E-Mail an die von ihm/ihr bestimmten Personen.

Ein Verbraucher kann sich aus den verschiedensten Gründen zur Verbreitung eines digitalen Gutes entscheiden. Die häufigste Möglichkeit ist beispielsweise die Intention Aufmerksamkeit und Anerkennung zu erhalten für die vom Verbraucher gefundenen und besonders lustigen oder interessanten Daten. So lässt sich sagen, dass wenn Unternehmen „Inhalte erstellen, die Ihr

11 Vgl. Schulz, S., 2007, S. 4
12 Vgl. Schulz, S., 2007, S. 5
13 Schulz, S., 2007, S. 5

Publikum gut aussehen lassen, sobald sie in den Social Media Feeds erscheinen, die Wahrscheinlichkeit größer ist, dass diese Inhalte auch geteilt werden."[14].

Ein weiterer Punkt ist außerdem, dass ein Nutzer, der Daten an bestimmte Personen teilt, davon ausgeht, dass der geteilte Inhalt für diese Person auch interessant ist. Somit ist meistens sichergestellt, dass eine besonders lustige oder herzliche Werbung nach ihrer freiwilligen Verbreitung durch Nutzer des Internets auch bei ihrem Empfänger auf Interesse trifft. Der Vorteil des aktiven viralen Marketings ist also, dass sehr gut inszenierte und klug platzierte Werbebotschaften freiwillig von faszinierten Nutzern an weitere potenzielle Kunden verbreitet werden und sich somit im besten Fall ohne großen Aufwand des Unternehmens in Umlauf setzen.

2.2.2 Vergleich des Online mit dem Offline Bereich

Funktioniert das virale Marketing denn nur im Internet? Diese Frage ist durchaus berechtigt und ist sicherlich eine der häufigsten Fragen, wenn es um die Wahl eines für die Werbebotschaft eines Unternehmens geeignete Medium geht. Die Antwort auf diese Frage scheint auf den ersten Blick einfach zu sein und scheint viele Möglichkeiten für die oben genannte Wahl zu lassen, wird aber bei genauerem Betrachten auf eine der beiden Antwortmöglichkeiten reduziert. Grundsätzlich ist das virale Marketing nicht an „das Internet als Medium gebunden"[15]. So ist es vollkommen dem Schöpfer einer viralen Werbekampagne überlassen, ob er die Verbreitung seiner Inhalte im Online oder Offline Bereich durchführt. Dennoch bringen die beiden verschiedenen Verbreitungswege unterschiedliche Bedingungen, Vorteile und Nachteile mit sich. Allgemein lässt sich sagen, dass das virale Marketing im Online Bereich ein weitaus höheres Erfolgspotenzial hat, vor allem in zukunftsorientierter Denkweise, als sein Gegenspieler im Offline Bereich. So argumentierte auch Sascha Langner, Experte für Internet-Marketing, dass „Es unwahrscheinlich ist, dass jemand zum Telefon greift und alle seine Freunde anruft, bei einer E-Mail muss der Nutzer nur kurz den Weiterleitungs-Button betätigen."[16] Die folgende Darstellung[17] beschreibt die Vorteile des viralen Marketings im Online Bereich und die Überlegenheit gegenüber der Offline-Variante:

---

14 Dunn, E., 2014, S. 1
15 Langner, S., 2009, S. 32
16 Langner, S., 2009, S. 33
17 Vgl. Langner, S., 2009, S. 33S

	offline	online
Expansion	langsam, kritische Masse wird erst nach längerem Zeiträumen erreicht	schnell, kritische Masse kann innerhalb kurzer Zeit erreicht werden
Verbreitungsart	überwiegend verbal, weniger visuell	überwiegend visuell, weniger verbal
Persönliche Anwesenheit	Grundvoraussetzung	Versand- und Empfangszeitpunkt asynchron
Kontrolle über die Verbreitung	relativ niedrig, Ursprung beim Kunden, Modifikation beim Weitererzählen	relativ hoch, Ursprung beim Unternehmen, Modifikationen durch Kunden kann eingeschränkt werden
Sozialer Einfluss	aufmerksamer Empfänger durch persönliche Interaktion zwischen den Gesprächspartnern	Empfänger ist nicht genötigt, der Nachricht Aufmerksamkeit zu schenken; dadurch kaum Interaktion zwischen den Kommunikationspartnern
Anwendungsbereich	Reichweite unlimitiert	Reichweite limitiert auf Internetnutzer
Multiplizierbarkeit von Botschaften	Nachricht kann nur persönlich mitgeteilt werden	Nachricht ist kopierbar, mehrfach versendbar

2.3 Aufbau einer viralen Werbekampagne

2.3.1 Allgemeine Erfolgsfaktoren

In der Geschichte des viralen Marketings wurden viele Studien durchgeführt, um zu erkennen, welche Merkmale eine Werbekampagne mit sich bringen muss, um erfolgreich zu werden. Hierbei wurden „vier Faktoren identifiziert [...], deren konsequenter Einsatz den Erfolg einer viralen Marketingstrategie ermöglicht: " [18] (1) der wahrnehmbare Kundennutzen, (2) kostenlose Abgabe, (3) einfache Möglichkeiten des Transfers und (4) anfängliche Erreichung von Meinungsführern als

---

18 Bauer, H-H., 2011, S. 67

Multiplikator und (5) Nutzung bestehender Kommunikationsnetze.[19] Um diese Faktoren genau zu verstehen und mit einer geplanten viralen Kampagne erfolgreich zu sein, ist es nötig jeden der genannten Punkte zu berücksichtigen und sich über deren genauen Nutzen und Sinn zu informieren. Die folgenden Punkte werden in genannter Reihenfolge im Anschluss in Themenbereich 3 dieser Arbeit an einem expliziten Fallbeispiel verdeutlicht.

2.3.2 Wahrnehmbarer Kundennutzen

Der wahrnehmbare Kundennutzen ist der wichtigste Erfolgsfaktor einer viralen Marketingstrategie.[20] Dieser Nutzen kann unterschiedlich definiert werden und beschreibt bei jeder Anwendung einen anderen Vorteil für den Konsumenten. So kann der Nutzen in persönlicher Anerkennung liegen, die man für das Teilen einer Botschaft in Verbindung mit einer bekannten Marke erhält, oder auch einfach nur in einem Erlebnis oder einer guten Erfahrung, die man mit dem Produkt oder der Dienstleistung verbindet.[21] Ein Werbespot der Supermarktkette *Edeka* ist ein Paradebeispiel für diese Strategie. In dem Video „*EDEKA Weihnachtsclip - #heimkommen*"[22] täuscht ein älterer Mann, der in den letzten Jahren Weihnachten immer alleine verbringen musste, seinen eigenen Tod vor, um seine ganze Familie unter diesem Vorwand in sein Haus zu locken und mit ihnen gemeinsam Weihnachten zu feiern. Dieses kurze Werbevideo, das 2015 veröffentlicht wurde, erreichte bis heute über *59.000.000* Aufrufe und ist mit Abstand der am öftesten gesehene deutsche Werbespot auf YouTube.[23] Auch über *16.000* Kommentare wie „ich hatte auch Tränen in den Augen, die Werbung ist einfach berührend" und „Very emotional. Bravo *EDEKA*"[24] zeigen, dass in diesem Fall der Kundennutzen in einem emotionalen Erlebnis lag und von dieser Firma kompetent und erfolgreich umgesetzt wurde. Es können außerdem Anreize wie Gewinnspiele, Produktproben oder auch Bargeld zu diesem Zweck genutzt werden. „So erregen Gratisangebote viel Aufmerksamkeit und sind daher perfekt für eine explosionsartige Verbreitung geeignet".[25]

2.3.3 Kostenlose Verfügbarkeit

Ein weiterer Punkt, der für das Gelingen einer gewählten Strategie ausschlaggebend ist, ist die kostenlose Verfügbarkeit der Werbeträger. Es ist für ein Unternehmen sehr wichtig virale Marketing-Kampagnen kostenlos anzubieten, da kostenpflichtige Angebote wie ein Sieb wirken und

19 Vgl. Schulz, S., 2007, S. 4
20 Vgl. Knerr, D., 2009, S. 27
21 Vgl. Bauer, H-H., 2011, S. 67
22 YouTube, 2015, S. 1
23 Vgl. Impulse, 2016, S. 1
24 YouTube, 2015, S. 1
25 Goldsmith, R., 2002, S. 85ff.

somit einen großen Abnehmerkreis ausgrenzen.[26] So würde ohne Zweifel niemand bezahlen um die oben genannte *Edeka* Kampagne sehen zu dürfen und sie hätte somit ihr Ziel verfehlt.

2.3.4 Möglichkeiten des Transfers

Um für eine schnelle und vor allem weitreichende Expansion einer Werbebotschaft zu sorgen ist ein gut ausgebautes Netz an einfachen Möglichkeiten der Weiterleitung nötig. Nutzer, die eine für sie interessante Werbeanzeige entdecken, dürfen nicht lange mit einem komplizierten Vorgang aufgehalten werden. Je geringer der Aufwand ist, der benötigt wird, um eine gefundene Anzeige zu teilen, desto schneller kann die Verbreitung erfolgen.[27] Als Beispiel bietet sich in diesem Fall *Instagram* hervorragend an. Das Soziale Netzwerk, das im Oktober 2010 veröffentlicht wurde, wird heute in Deutschland von 84% der Jugendlichen zwischen 14 und 19 Jahren aktiv genutzt.[28] Dieser Dienst bietet eine *Weiterleiten* Funktion an mit der sich gefundene Inhalte, per *direct message*, innerhalb von Sekunden an beliebig viele Nutzer senden lassen.[29] Diese Vorgehensweise ermöglicht es Nutzern des Netzwerkes interessante Inhalte schnell zu teilen und für ihre Verbreitung zu sorgen. Somit ist es diesem Dienst gelungen einen wichtigen Erfolgsfaktor des viralen Marketings sinnvoll einzubringen.

2.3.5 Erreichen von Meinungsführern

Nachdem eine virale Marketing Kampagne, unter Beachtung der oben genannten Schritte, erstellt wurde, ist sie trotzdem noch nicht bereit veröffentlicht zu werden. An dieser Stelle kommen die s.g. Influencer[30] in den Fokus der Betrachtung. Influencer sind Personen oder Unternehmen, die als Experten für bestimmte Produkte oder Sparten gesehen werden und deren Meinung eine große Gruppe an Menschen inspiriert und beeinflusst. Diese Influencer sind klassischerweise Prominente oder auch *normale* Nutzer von sozialen Netzwerken, die eine große Reichweite vorweisen können.[31] Im Marketing werden diese Influencer zu den Meinungsführern gezählt, da sie die Meinung von vielen Menschen beeinflussen und vor allem neue Trends setzen. So hatten bereits 68 % der deutschen Unternehmen für das Jahr 2017 ein Budget für Influencer Marketing vorgesehen.[32] Wichtig werden Meinungsführer für das virale Marketing, in dem sie ein perfektes Medium für eine Werbekampagne bieten oder eine bereits veröffentlichte Botschaft schnell an eine große Zielgruppe

26 Vgl. Langner, S., 2007, S.44f
27 Vlg. Bauer, H-H., 2011, S. 68
28 Vlg. Statista, 2017, S.1
29 Vgl. Bauer, T., 2018, S. 3
30 Vgl. Linatech, 2017, S. 2
31 Vgl. Ehrhard, J., 2018, S. 1
32 Vgl. Statista, 2016, S. 1

weiterleiten können. So ist der Erfolg einer Marketing-Strategie zu großen Teilen von der Auswahl der „ersten Rezipienten"[33] abhängig. Ein gutes Beispiel für eine gelungene Strategie ist die #*mycalvins* Kampagne. Hierbei erreichte das Bekleidungsunternehmen *Calvin Klein,* das vor allem für seine Unterwäsche bekannt ist, dass viele bekannte Stars wie Justin Bieber oder Kendall Jenner sich selbst in *Calvin Klein* Unterwäsche aufnahmen und diese Bilder mit der Unterschrift #*mycalvins* auf ihren Social Media Kanälen veröffentlichten. „Der Trend ging so viral, dass ebenso viele privat-user den Hashtag verbreiteten und somit das Label weiter vorantrieben."[34] Dies ist ein gutes Beispiel für ein gelungenes Erreichen von Meinungsführern der Marke *Calvin Klein.*

2.3.6 Nutzen bestehender Kommunikationsnetze

Das deutsche Wort Trillion entspricht einer 1 mit 18 Nullen. Die Größe dieser Zahl ist für uns Menschen nur schwer begreifbar und genau deshalb ist es so beeindruckend, dass das Internet jeden Tag um 2,5 Trillionen Byte Daten wächst.[35] Interessant wird es, wenn man die Nutzerzahlen von sozialen Netzwerken, wie beispielsweise Facebook oder Instagram, betrachtet. So gibt es 2018 3,196 Milliarden Social Media Nutzer, „mit einer jährlichen Steigerung von 13 Prozent".[36] Diese Zahlen sind nicht nur beeindruckend, sondern zeigen auch das große Potenzial des viralen Marketings.

2.4 Verbreitung einer viralen Marketing Kampagne

Ist eine Werbebotschaft oder Kampagne erfolgreich erstellt worden, gilt es nun diese zu verbreiten. An dieser Stelle kommt das Seeding in den Punkt der Betrachtung, da diese Methode das „gezielte Säen/Plazieren einer viralen Botschaft"[37] beschreibt. Hier unterscheidet man zwischen dem einfachen und dem erweiterten Seeding, welche im Folgenden dargestellt werden.

2.4.1 Einfaches Seeding

Die Zielgruppe des einfachen Seedings beschreibt das Feld schon bekannter Kunden und im besten Falle Personen, die dem Unternehmen positiv gesinnt sind. Dieses Vorgehen wird gewählt, um sicher zu gehen, dass die „Authentizität und Qualität der Botschaft [...] erhalten"[38] wird. Der Inhalt der zu verbreitenden Werbekampagne wird nun veröffentlicht und die angestrebte Zielgruppe wird darauf hingewiesen. Nun entdeckt der Nutzer die erhaltene Nachricht selbst und entscheidet sich

---

33 Knerr, D., 2009, S. 27
34 SocialMediaOne, 2016, S. 3
35 Vgl. Kroker, M., 2015, S. 1
36 Bouwman, V., 2018, S. 1
37 Nufer, G., 2010, S. 13
38 Nufer, G., 2010, S. 14

bestmöglich dazu die Botschaft an Freunde und Bekannte weiterzuleiten.[39] Der Vorteil, der aus der Auswahl schon bestehender Kunden gezogen werden kann, besteht darin, dass diese Personen aufgrund ihrer Beziehung zum Unternehmen überwiegend positiv über ihre Erfahrung mit der erhaltenen Werbeanzeige sprechen werden und dies die Effektivität des Seedings erhöht. Ein normaler Mensch ist so nun einmal mehr dazu geneigt seinen Verwandten und Freuden etwas Gutes zu tun und ihnen mit einer sehr lustigen, interessanten oder auch wichtigen Botschaft zu helfen. „Das einfache Seeding [...] kann [...] über ein einfaches Mailing oder per Newsletter geschehen"[40] und sorgt hiermit wiederum dafür, dass Nutzer angesprochen werden, die sich bereits freiwillig für beispielsweise einen Newsletter angemeldet haben. Konkret bedeutet das also, dass beispielsweise ein, am Edeka Newsletter angemeldeter Kunde, nun eine Benachrichtigung bekommt, dass ein neues Werbevideo auf dem Edeka YouTube Kanal erschienen ist.

2.4.2 Erweitertes Seeding

Im Gegensatz zum einfachen Seeding geht es beim erweiterten Seeding ausschließlich um die größtmögliche Multiplikation einer Botschaft.[41] Hierbei kommt der Begriff des *Tipping Point* in den Fokus der Betrachtung. „Der Tipping Point selbst ist die Schwelle oder auch die kritische Masse, ab der ein Virus zu einer Epidemie anschwillt."[42] Der Tipping Point ist also übersetzt ein Punkt in der Verbreitung einer viralen Botschaft, ab dem die Expansion der Nachricht ein exponentielles Wachstum erreicht.

Um diesen Punkt zu erreichen werden in der Strategie des erweiterten Seedings einzelne *Connection Points* ausgewählt. Diese sind „hoch frequentierte Seiten für Inhalte im mobilen oder stationären Internet"[43], also Websites an denen sich viele Menschen treffen, diskutieren oder diese einfach nur zum Zeitvertreib aufsuchen. Nun werden, um den *Tipping Point* besonders schnell und effektiv zu erreichen, einige *Connection Points* ausgewählt und der zu verbreitende Inhalt wird auf diesen platziert. Hierbei wird vor allem auf die Authentizität geachtet, damit die ausgesetzten Werbebotschaften nicht allgemein als Werbung betrachtet und direkt abgelehnt werden.[44] Dies bedeutet, dass beispielsweise ein Audi Werbevideo auf besonders vielen Journalistischen Artikeln mit dem Thema Auto, den Connection Points, platziert wird um die kritische Masse schnell zu erreichen.

---

39 Vgl. Schmahl, D., 2007, S. 77
40 Leonardi, J-M., 2008, S. 64
41 Vgl. Schmahl, D., 2007, S. 78
42 Leonardi, J-M., 2007, S. 34
43 Bauer, H-H., 2008, S. 292
44 Leonardi, J-M., 2007, S. 61

3. Darstellung der Grundlagen

Im zweiten Teil dieser Arbeit wird nun der grundlegende Aufbau einer viralen Werbebotschaft, der im Themenbereich 2.3 dargestellt wurde, an einem Praxisbeispiel erläutert. Hierzu eine bereits äußerst erfolgreiche virale Kampagne, die im folgenden Abschnitt behandelt wird.

3.1 Erklärung des Mentos-Cola Experiments

Es ist ein spannendes und einfaches Experiment und jeder hat mindestens schon davon gehört oder es sogar schon selbst durchgeführt. Wirft man ein *Mentos* in eine *Diet-Coke*, die amerikanische Version der *Coca-Cola Light*, so schafft man eine Reaktion, die einen Geysir auslöst, der bis zu drei Meter hoch spritzt. Faszinierend ist, dass Fritz Grobe und Stephen Voltz mit einem Video dieses Experiments innerhalb kürzester Zeit extreme Bekanntheit auf ihrer *eepybird* Website erreichten.[45] Kurze Zeit später veröffentlichten sie ein Video mit dem Titel: „The Extreme Diet Coke & Mentos Experiment". Heute würden wir über dieses Video sagen, dass es ein viraler Erfolg war, denn es erreichte über 18 Millionen Klicks auf YouTube[46], was für das Jahr 2006 ein riesiger Meilenstein war. Hierbei ist zu beachten, dass es sich zwar bei diesem Video um einen zufälligen Erfolg handelt, es aber trotzdem als anschauliches Beispiel verwendet werden kann.

Noch heute findet sich die Website von Grobe und Voltz im Internet, die heute mit der Überschrift „Entertainment for the Curious Mind"[47] versehen ist. Nach ihrem Durchbruch mit dem *Mentos-Cola* Experiment nutzten sie ihre gewonnene mediale Bekanntheit, um ihren Erfolg mit weiteren Versuchen aufzubessern. Diese führten sie in zahlreichen Fernsehshows auf und gaben live Vorführungen „in Paris, London, Istanbul, Las Vegas, and even on Wall Street."[48] Neben den Gestaltern des Videos verbuchten aber auch *Perfetti Van Mell,* die Hersteller der *Mentos* Produktreihe große Erfolge durch den viralen Erfolg der Videos. Gibt man auf der *Google Insights timeline,* einem Feature der Goolge Website, dass ein Histogramm zur Häufigkeit von auf Google gesuchten Begriffen anzeigt, das Wort Mentos ein, so erhält man folgende Abbildung:[49]

---

45 Vgl. Meerman, S., 2010, S. 175
46 Vgl. Jarbone, G., 2014, S. 1
47 Eepybird, 2018, S. 1
48 Eepybird, 2018, S. 1
49 Vgl. Google, 2018, S. 1

Interesse im zeitlichen Verlauf

In diesem Diagramm lässt sich erkennen, dass an einem Punkt der Kurve ein extrem großer Ausschlag zu vermerken ist, der sich nach *Google* genau im Juli 2006 befindet.[50] Genau in diesem Monat wurde auch das „Diet Coke + Mentos" Video auf *YouTube* veröffentlicht.[51]

3.2 Analyse des Experiments

Nachdem nun alle wesentlichen Bestandteile des viralen Marketings behandelt wurden ist es wichtig diese an einem genauen Fallbeispiel zu verdeutlichen, um darzulegen wie die genannten Punkte in realen Kampagnen zum Vorschein kommen. Zu diesem Zweck wird im folgenden Abschnitt der Aufbau einer viralen Werbekampagne, der im Themenbereich 2.3 dieser Arbeit aufgeführt ist, am Beispiel des oben genannten Experiments dargestellt. Da sich jedes Werk aus einzelnen Puzzleteilen zusammensetzt, ist wie bei vielen kreativen Schöpfungen auch in diesem Puzzle nicht jedes Teil perfekt. So ist es wichtig auch die fehlerhaften Seiten dieses Falls zu beleuchten.

Der erste Punkt ist der wahrnehmbare Kundennutzen, der im *Mentos-Cola* Experiment sehr leicht erkennbar ist. Da die Produkte *Cola* und *Mentos*, die für die Durchführung notwendig sind, durch den Versuchsaufbau entfremdet werden (sie sind nicht zum kombinierten Konsum gemacht worden), liegt der Kundennutzen auch nicht in der Nützlichkeit für den Verbraucher. Viel mehr handelt es sich einfach nur um einen besonders lustigen und interessanten Versuch, der, vergleichbar mit dem Edeka Spot *#heimkommen[52]*, ein emotionales Erlebnis mit sich bringt. Kommentare, wie „That's funny and awsome", oder „best thing I have ever seen with coke and mentos"[53] zeigen, welche Reaktionen durch dieses Video ausgelöst werden. Fritz Grobe, einer der beiden Erfinder des *Mentos-Cola* Experiments, sagte in einem Interview zur Thematik des Kundennutzens: „Yes, the

50 Vgl. Google, 2018, S. 1
51 Vgl. YouTube, 2006, S. 1
52 YouTube, 2015, S.1
53 YouTube, 2006, S.1

videos reinforce the ideas that Coke is fizzy and that Mentos are strong, but most of all, those videos get people smiling when they think of those brands"[54]. Somit beweist dieses Beispiel, dass eine Marketing Kampagne auch nur mit Unterhaltungswert Erfolg haben kann.

Der zweite Teil ist die kostenlose Verfügbarkeit der Werbebotschaft. Auch dieser Aspekt des viralen Marketings wurde gut gelöst. Wie schon in der Beschreibung des Versuchs dargestellt wurde, ist das Video, das die *Mentos-Cola* Wechselwirkung bekannt machte, kostenlos und zu jeder Zeit auf YouTube einsehbar. Interessant ist, dass sich in einem durchschnittlichen Monat „acht von zehn der 18-49-Jährigen Videos auf YouTube"[55] ansehen. Somit ist diese Kampagne für die meisten Konsumenten sehr gut erreichbar und erfüllt ihren Zweck.

Anschließend müssen die Möglichkeiten des Transfers untersucht werden. Wie schon festgestellt wurde ist ein Spot umso erfolgreicher, je einfacher er sich unter den Nutzern verbreiten lässt. Da es sich hierbei um die bekannte Videoplattform *YouTube* handelt, sind einige Wege der Verbreitung geboten. Wie an dieser Grafik[56] erkennbar ist,

Diet Coke + Mentos

18.159.871   👍 55.360   👎 2127   ➤ TEILEN   ≡₊   ...

befindet sich direkt neben den Bewertungen des Videos der Button *Teilen,* durch den sich das Video über soziale Netzwerke, wie *Facebook, Twitter und Google +,* wie auch per Mail oder per Direktnachricht an andere *YouTube* Nutzer schicken lässt. Infolgedessen ist auch der Transfer des Videos perfekt möglich.

Der nächste Bereich ist das Erreichen von Meinungsführern, den s.g. Influencern. Wie schon in der Einleitung zu diesem Thema angekündigt wurde, ist nun ein Punkt erreicht in dem dieses Experiment an seine Grenzen stößt. Stephen Voltz und Fritz Grobe selbst schreiben auf ihrer Website, dass sie das Experiment zufällig in ihrem Garten probierten und niemals erwarteten, dass daraus einmal ein Vollzeit Job werden könnte.[57] Hierbei ist verständlich, dass damals nicht direkt an das Verwenden von Influencern gedacht wurde. Auch wenn das *Mentos-Cola* Experiment trotzdem große Bekanntheit erlangte ist nicht ausgeschlossen, dass diese durch den geeigneten Einsatz von Meinungsführern nicht noch zusätzlich gesteigert worden wäre. Aus diesem Grund ist dieser Bereich des viralen Marketing nicht zu vernachlässigen, selbst wenn, wie durch dieses Beispiel

---

54 The Agency Review, 2012, S.5
55 Smith, K., 2018, S.1
56 Vgl. YouTube, 2006, S.1
57 Vgl. Eepybird, 2018, S. 1

bewiesen, auch ein Auslassen durchaus zu Erfolg führen kann.

An letzter Stelle steht das Nutzen bestehender Kommunikationsnetze. Diese Kategorie zielt, wie schon beschrieben wurde vor allem auf die sozialen Netzwerke ab. Das zu betrachtende Video wurde auf der Website *YouTube* veröffentlicht, die mit 1,6 Milliarden Nutzern hinter *Facebook* auf Platz zwei[58] der weltweit erfolgreichsten sozialen Netzwerke aufgelistet ist. Demzufolge wurde bei dieser Kampagne durchaus ein äußerst bekanntes Medium gewählt, das sicherlich zum Erfolg derselben beigetragen hat.

3.3 Evaluation des Mentos-Cola Experiments

Nachdem nun der Aufbau einer viralen Marketing Kampagne dargestellt und am Beispiel des Mentos-Cola Experiments verdeutlicht wurde, kann der gewählte Fall allgemein bewertet werden. Dies ist wichtig, da sich die Frage stellt, inwiefern das Experiment eine gelungene Marketingstrategie repräsentiert und was wir hieraus lernen können.

Auffallend ist, dass besonders viele der Bestandteile dieses Versuchs der optimalen Vorgehensweise eines viralen Marktauftritts entsprechen. Der wahrnehmbare Kundennutzen, die kostenlose Verfügbarkeit, die Möglichkeiten des Transfers, sowie das Nutzen bestehender Kommunikationsnetze wurden beispielhaft in dieser Kampagne beachtet und, wie im vorherigen Kapitel beschrieben, sehr erfolgreich eingebettet. Dieser Umstand trägt zur großen Bekanntheit des Videos bei, von dem angenommen wird, dass es zusammengefasst von allen sozialen Netzwerken und im Fernsehen von über 100 Millionen Menschen gesehen wurde.[59]

Dem gegenüber steht das Erreichen von Meinungsführern, dass in diesem Fall nicht beachtet wurde. Auf den ersten Blick scheint dies sehr unvorteilhaft, wenn man die großen Vorteile dieses Bereichs beachtet (siehe #mycalvins Kampagne, Kapitel 2.3.5).

---

58 Vgl. Keller, A., 2018, S. 1
59 Vgl. Jarbone, G., 2014, S. 2

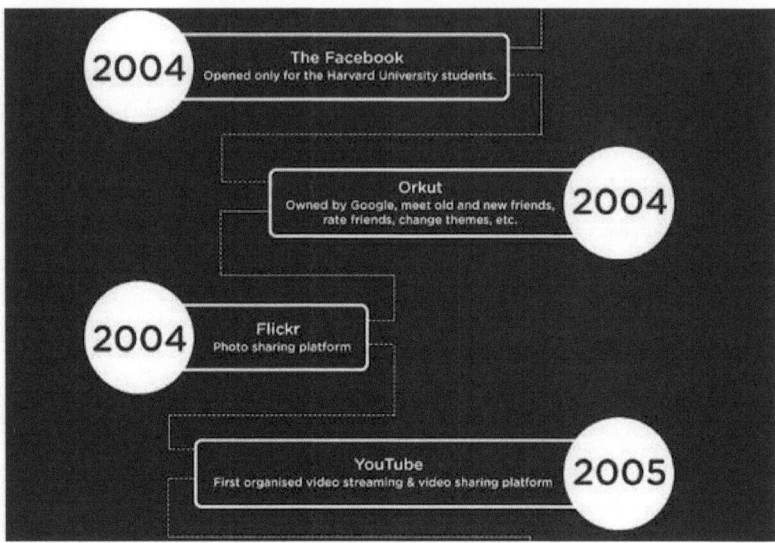

Betrachtet man allerdings die Grafik[60] der Geschichte der sozialen Netzwerke, so ist erkennbar, dass sich die beiden größten[61] Sozialen Netzwerke, *Facebook* und *YouTube,* zum Zeitpunkt der Veröffentlichung des *Mentos-Cola* Experiments 2006 noch in der Anfangsphase ihres Werdegangs befanden. Zu diesem Augenblick waren andere soziale Netzwerke wie *Snapchat, Instagram und Whats App* noch lange nicht in Planung.[62] Ferner ist es also das Fehlen von Influencern in diesem Fall nicht unbegründet und beruht auf der Tatsache, dass es zum vorliegenden Zeitpunkt einfach noch keine Meinungsführer im heutigen Sinne geben konnte.

Zusammenfassend lässt sich sagen, dass die wichtigsten Elemente des viralen Marketings im *Mentos-Cola* Experiment soweit wie möglich vorhanden sind und sinnvoll eingesetzt wurden. Allerdings ist zu beachten, dass dieses Beispiel nicht durch einen Auftrag von einer der beiden Firmen entstanden ist, sondern eher zufällig, wie in Themenbereich 3.1 beschrieben wurde, entstanden ist. Dies bedeutet, dass das Exempel zwar durchaus eine gelungene Marketing Kampagne darstellt, da leicht die Erfolgsfaktoren und ihre Wirkung betrachtet werden können, allerdings auch immer beachtet werden muss, dass das *Mentos-Cola* Experiment keinen geplanten Ablauf hatte. Letztendlich erzielte dennoch auch dieses Werbevideo den gewünschten Erfolg und somit ist dieses Beispiel als gelungenes virales Video zu bezeichnen, dass durchaus für die nachträgliche Betrachtung geeignet ist.

---

60 Vgl. Priebe, A., 2015, S. 2
61 Vgl. Keller, A., 2018, S.1
62 Vgl. Priebe, A., 2015, S. 2

4. Fazit

Nachdem alle wichtigen Aufgaben, Funktionen und Chancen des viralen Marketings dargelegt wurden, stellt sich hierbei die Frage, inwiefern das virale Marketing eine sinnvolle Möglichkeit ist, um ein Produkt oder Unternehmen besser zu verkaufen.

Wie bei jedem wissenschaftlichen Thema ist auch das virale Marketing kein Bereich der sich schnell und einfach erklären lässt. So wie diese Arbeit einen allgemeinen Überblick über die grundlegenden Aspekte gibt, so lassen sich auch weitaus umfangreichere Arbeiten hierzu verfassen und trotzdem würde es schwerfallen jeden kleinen Aspekt zu behandeln. Dennoch bin ich der Meinung, dass dieses Teilgebiet des Marketings eine sehr große Zukunft hat und mit seinen dargestellten Möglichkeiten auf Dauer überzeugen wird.

Besonders die dargestellte Hauptaufgabe des viralen Marketings, eine schnelle Multiplikation von Werbebotschaften, schafft enorme Vorteile. Dies wird unterstützt durch verschiedene Verbreitungsmethoden und Medien, der Möglichkeit von Influencern zu profitieren und großem Spielraum im aktiven und passiven Bereich. Außerdem zeigen viele Beispiele, wie die #mycalvins[63] Kampagne, der Edeka #heimkommen[64] Werbespot oder das *Mentos-Cola*[65] Experiment, die vielfältigen Anwendungsgebiete und wie erfolgreich eine virale Marketing Kampagne werden kann. Alles in allem handelt es sich also bei diesem Thema um einen sehr wichtigen Bereich des Marketings, der auch mithilfe dieser Arbeit besser verstanden werden kann und ohne Zweifel, bei der Wahl einer geeigneten Marketing Strategie, in Betrachtung gezogen werden sollte.

---

63 Vgl. SocialMediaOne, 2016, S. 3
64 Vgl. YouTube, 2015, S. 1
65 Vgl. Meerman, S., 2010, S. 175

Literatur

Monographien

[18, 21, 27] Bauer, H-H., Interactive Marketing im Web 2.0+, München 2011.

[43] Bauer, H-H., Erfolgsfaktoren des Mobile Marketing: Strategien, Konzepte und Instrumente, Heidelberg 2008.

[25] Goldsmith, R., Viral Marketing – Get your Audience to do your Marketing for you, England 2002.

[20, 33] Knerr, D., Social Network Marketing – Der Trend zur Kommunikationspolitik über soziale Online-Netzwerke, Mannheim 2009.

[8, 10, 15, 16] Langner, S., Viral Marketing: Wie Sie Mundpropaganda gezielt auslösen und Gewinn bringend nutzen, Wiesbaden 2009[3].

[26] Langner, S., Viral Marketing: Wie Sie Mundpropaganda gezielt auslösen und Gewinn bringend nutzen, Wiesbaden 2007[1].

[40, 42, 44] Leonardi, J-M., Viral Marketing im E-Business, Hamburg 2007.

[5, 6] Löfgen, S., Virales Marketing. Mit Mundpropaganda statt Budget zum Erfolg, München 2013.

[41, 61] Meerman, S., The new rules of marketing and PF: how to use social media, blogs, news releases, online video, & viral marketing to reach buyers directly, Hoboken 2010.

[37] Nufer, G., Virales Marketing, Reutlingen 2010[3].

[39, 41] Schmahl, D., Moderne Online-Marketing-Methoden. Affiliate Marketing, Suchmaschinen Marketing, Viral Marketing und Web 2.0, Saarbrücken 2007.

[11, 12, 13, 19] Schulz, S., Virales Marketing im Web 2.0, Heidelberg 2007.

[7] Thevenot, C., Viral Marketing, Georgetown 2001.

[2] Tornow, N., Erfolgreiches Virales Marketibg im Internet. Praxisbeispiel am Werbespot „Supergeil" von Edeka, München 2016.

Internetquellen

[29] Bauer, T., Regram: Instagram testet Teilen-Funktion für Beiträge,
https://onlinemarketing.de/news/regram-feature-instagram-stories, 2018, letzter Aufruf: 20.10.2018.

[36] Bouwman, V., Digital in 2018: Die Anzahl der Internetnutzer weltweit knackt die 4 Milliarden
Marke, https://wearesocial.com/de/blog/2018/01/global-digital-report-2018, 2018, letzter Aufruf:
20.10.2018.

[14] Dunn, E., 6 Gründe, warum Inhalte online geteilt werden,
https://www.brandwatch.com/de/blog/6-gruende-warum-inhalte-online-geteilt-werden/, 2014,
letzter Aufruf: 20.10.2018.

[43] Eepybird, Entertainment for the Curious Mind, https://www.eepybird.com/, 2018, letzter
Aufruf: 20.10.2018.

[44] Eepybird, Inside the EepyLab, https://www.eepybird.com/about/, 2018, letzter Aufruf:
20.10.2018.

[53] Eepybird, Frequently Asked Questions, https://www.eepybird.com/frequently-asked-questions/,
2018, letzter Aufruf: 20.10.2018.

[31] Ehrhard, J., When to use a key opinion leader (kol) vs. an influencer,
https://www.influencerdb.net/blog/kol-vs-influencer/, 2018, letzter Aufruf: 20.10.2018.

[23] Impulse, Die erfolgreichsten Werbespots auf Youtube,
https://www.impulse.de/management/marketing/werbespots-2015-youtube/2189797.html, 2016,
letzter Aufruf: 20.10.2018.

[42, 55] Jarbone, G., Throwback Thursday, When Mentos and Diet Coke went viral,
https://tubularinsights.com/mentos-coke-viral/, 2014, letzter Aufruf: 20.10.2018.

[54, 57] Keller, A., Das sind die 10 größtem sozialen Netzwerke weltweit,
https://www.basicthinking.de/blog/2018/04/08/soziale-netzwerke-top10/9/, 2018, letzter Aufruf:
20.10.2018.

[1] Klein, C., Die 10 besten Marketing Zitate, https://blog.bynder.com/de/beste-marketing-zitate,
2017, letzter Aufruf: 20.10.2018.

[35] Kroker, M., Big Data: 2,5 Trillionen Byte Daten jeden Tag, wächst vier mal schneller als
Weltwirtschaft, http://blog.wiwo.de/look-at-it/2015/04/22/big-data-25-trillionen-byte-daten-jeden-
tag-wachst-vier-mal-schneller-als-weltwirtschaft/, 2015, letzter Aufruf: 20.10.2018.

[9] Krumhard R., Die 10 Erfolgsfaktoren im Viral-Marketing, https://blog.avenit.de/beitrag/2014/02/12/viral-marketing/, 2014, letzter Aufruf: 20.10.2018.

[3] Langner, S., Effektive Mundpropaganda – So nutzen Sie virales Marketing, http://www.markex.de/deutsch/webmarketing/archiv/virales_marketing.htm, 2018, letzter Aufruf: 20.10.2018.

[30] Linatech GmbH., Key Opinion Leader – wer sind sie und warum sind sie wichtig?, https://www.marketing-boerse.de/Fachartikel/details/1719-Key-Opinion-Leader--wer-sind-sie-und-warum-sind-sie-wichtig/138548, 2017, letzter Aufruf: 20.10.2018.

[4] Maulraux, A., Berühmte Zitate, http://www.quotez.net/german/andre_malraux.htm, 2018, letzter Aufruf: 20.10.2018.

[51] Smith, K., 39 interessante Zahlen und Statistiken rund um YouTube, https://www.brandwatch.com/de/blog/statistiken-youtube/, 2018, letzter Aufruf: 20.10.2018.

[34, 59] SocialMediaOne, Influencer Kampagnen: Best practice Beispiele, https://socialmediaone.de/influencer-kampagnen-best-practice-beispiele/, 2018, letzter Aufruf: 20.10.2018

[28] Statista, Anteil der befragten Internetnutzer, die Instagram nutzen, nach Altersgruppen in Deutschland im Jahr 2017, https://de.statista.com/statistik/daten/studie/691584/umfrage/anteil-der-nutzer-von-instagram-nach-alter-in-deutschland/, 2017, letzter Aufruf: 20.10.2018.

[32] Statista, Haben Sie für das Jahr 2017 ein Budget für Influencer Marketing vorgesehen?, https://de.statista.com/statistik/daten/studie/686090/umfrage/geplante-investitionen-in-influencer-marketing/, 2016, letzter Aufruf: 20.10.2018.

[50] The Agency Review, An interview with Fritz Grobe & Stephen Voltz, https://the-agency-review.com/grobe-and-voltz/, 2012, letzter Aufruf: 20.10.2018.

[22, 24, 48, 60] Youtube, EDEKA Weihnachtsclip - #heimkommen, https://www.youtube.com/watch?v=V6-0kYhqoRo, 2015, letzter Aufruf: 20.10.2018.

[47, 49] Youtube, Diet Coke + Mentos, https://www.youtube.com/watch?v=hKoB0MHVBvM, 2006, letzter Aufruf: 20.10.2018.

Abbildungen

[45] Google, Mentos, https://trends.google.com/trends/explore?date=all&geo=US&q=Mentos, 2018, letzter Aufruf: 20.10.2018.

[17] Langner, S., Viral Marketing: Wie Sie Mundpropaganda gezielt auslösen und Gewinn bringend nutzen, Wiesbaden 2009.

[56] Priebe, A., Infografik – The History Of Social Media by Simplify360, https://onlinemarketing.de/news/die-geschichte-der-social-media-von-den-70ern-bis-heute/infografik-the-history-of-social-media-by-simplify360, 2015, letzter Aufruf: 20.10.2018

[52] YouTube, Diet Coke + Mentos, https://www.youtube.com/watch?v=hKoB0MHVBvM, 2006, letzter Aufruf: 20.10.2018.